CONSTANTIN MIHĂESCU

AFACERI MICI ȘI MIJLOCII - CURS
MANAGEMENT
ȘTIINȚIFIC

Definiție management în viziune sistemică bazată pe modelul universal al managementului. Ghid management sistemic pentru maximizarea profitului

Ediția a doua

Traducere liberă, revăzută și adăugită a cărții:

Nepoatelor Cornelia şi Antonia şi

nepoţilor Dan şi Cornel, cu drag,

ca să-i ajute să-şi împlinească

toate visele

Cuprins

Mulţumiri

Sunt recunoscător Universităţii Transilvania din Braşov pentru că m-a format ca inginer şi apoi ca informatician şi m-a sprijinit de-a lungul timpului în prezentarea şi publicarea rezultatelor cercetărilor mele, inclusiv a articolului *The Universal Law of Organization* care constituie baza ştiinţifică a acestei cărţi.

Exprim călduroase mulţumiri editoarei April Bogdon de la CreateSpace Amazon Company din SUA şi scriitoarei redactor la aceeaşi editură Libbye Morris, de la care am învăţat multe despre tehnicile de self-publishing şi despre arta scrisului în etapa de pregătire a textului bun de tipar al ediţiei în limba engleză.

Mulţumiri aparte adresez verişoarei mele Prof. Mârtea Margareta care în momentele grele prin care am trecut în timp ce lucram la această carte mi-a fost aproape şi m-a ajutat cu tot ce a putut.

Constantin Mihăescu

CONSTANTIN MIHAESCU

1. Introducere

Acest mini curs management ştiinţific este adresat managerilor de afaceri mici şi mijlocii şi prezintă două dintre cheile succesului în viaţă şi pentru afaceri profitabile: 1) O *viziune sistemică ştiinţifică* asupra tuturor lucrurilor, fenomenelor şi conceptelor şi 2) O absolut nouă definiţie management bazată pe *Modelul universal al organizării şi managementului* - un adevărat ghid management sistemic pentru maximizarea profitului.

El constituie o reacţie la creşterea tot mai accentuată a complexităţii problemelor în economie, fapt ce generează firesc necesitatea creşterii corespunzătoare şi a eficienţei metodelor de soluţionare, care din păcate şi-au dezvăluit clar limitele cu ocazia recentei crize economice mondiale.

Viziunea sistemică ştiinţifică asupra conceptelor este vitală pentru o mai eficientă organizare şi conducere a afacerilor mici şi mijlocii existente si pentru crearea de noi afaceri profitabile.

În scopul susţinerii acestei idei, cartea de faţă vă oferă cele mai noi rezultate ale cercetărilor autorului.

"Cercetarea ştiinţifică se întemeiază pe presupunerea că toate evenimentele, inclusiv faptele oamenilor, sunt determinate de legile naturii", spunea Albert Einstein.

Aceasta presupunere a marelui om de ştiinţă a stârnit curiozitatea autorului şi dorinţa lui de a încerca să afle dacă există şi pentru activităţile de organizare şi conducere o lege a naturii care le guvernează fără ca noi să ne dăm seama, aşa cum s-a întâmplat şi în cazul celorlalte legi ale naturii până au fost descoperite.

Fără a se referi explicit vreodată la ea, este uşor de presupus că Einstein a intuit existenţa unei asemenea legi şi că ar fi descoperit-o şi publicat-o dacă ar mai fi trăit.

Iată ce scria el, încă tânăr fiind, în 1905, cu 50 de ani înainte de a muri: *"Vreau să ştiu cum a creat Dumnezeu lumea. Nu mă interesează cutare sau cutare fenomen, spectrul unuia sau altuia dintre elemente. Vreau să aflu gândurile Lui. Restul sunt detalii"*.

Iar mai târziu preciza: *„Ca om de ştiinţă, cred că natura este o structură perfectă, privită din perspectiva raţiunii şi analizei logice"*.

Viaţa e o continuă luptă pentru a supravieţui şi a ne vedea atinse scopurile şi este guvernată de legile naturii şi ea, cu toate activităţile ce o compun, inclusiv cu cele de organizare şi conducere a afacerilor.

Din nefericire, în această luptă deloc uşoară, de regulă nu folosim întreaga *structură perfectă* a creierului, toate resursele şi posibilităţile noastre mentale, sau le folosim ineficient, la întâmplare, fără metodă. Şi nu de puţine ori, aceasta e cauza principală a înfrângerilor şi pierderilor noastre.

Veţi înţelege din lectura cărţii de faţă cât de necesar este un studiu amănunţit şi metodic al procesului afacerii dumneavoastră şi necesitatea asigurării folosirii raţionale a tuturor resurselor şi posibilităţilor disponibile printr-o organizare ştiinţifică şi un management sistemic, in deplină concordanţă cu toate legile naturii.

Fără acest studiu amănunţit, efectuat după o metodă modernă, eficientă, este foarte greu de descoperit toate ideile şi deciziile necesare maximizării profitului.

Pentru a ajunge să avem o gândire de manager metodică, performantă, trebuie să învăţăm cât mai mult de la natură, deţinătoarea celor mai complexe şi bine organizate sisteme.

În acest sens poate fi folosită cu succes legea naturii la a cărei posibilă existenţă şi căutare m-am referit în treacăt mai inainte şi pe care am descoperit-o recent după o îndelungată cercetare: *Legea universală a organizării* care este repezentatâ grafic de *Modelul universal al organizării şi managementului*[1].

Cartea de faţă e destinată să ofere ajutor atât cititorilor care au deja o afacere şi şi-au propus să-i maximizeze profitul, cât şi celor care doresc să pornească şi ei una, dar nu au curaj, considerându-se încă insuficient pregătiţi ca manageri.

Astăzi, când criza locurilor de muncă şi sărăcia se extind aproape pretutindeni, devine tot mai acută necesitatea creşterii însemnate a numărului de afaceri mici şi mijlocii şi a eficienţei mărite a acestora.

Actuala criză economică mondială este o criză de sistem care ameninţă să se permanentizeze şi să se adâncească. Pentru a nu se întâmpla aşa, cu ajutorul acestei cărţi managerii pot să-şi însuşească viziunea sistemică ştiinţifică asupra conceptelor şi proceselor economice şi în consecinţă să-şi mărească precizia şi eficacitatea deciziilor de organizare şi conducere.

În plus, ei pot debândi cunoştinţele necesare şi suficiente pentru a înţelege mai bine procesele şi fenomenele economice şi a elimina mai uşor multe neajunsuri din munca lor.

Unele dintre aceste cunoştinţe sunt absolut originale şi fiind fundamentate strict ştiinţific sunt capabile să insufle întreprinzătorilor şi managerilor curaj, optimism, încredere în posibilităţile lor şi dorinţa de a se implica în noi afaceri, din ce în ce mai profitabile.

Cartea răspunde totodată mai multor importante cerinţe teoretice şi practice dintre care menţionăm aici doar două[2].

Astfel, cu referire la obiectivele cercetărilor în domeniul managementului comparat, William Newman menţionează printre alte cerinţe: „*Să descopere problemele şi tehnicile manageriale care par a avea valabilitate universală în toate ţările*".

Iar Richard Farmer cere: "*Să descopere modalitătile de îmbunătăţire a performanţelor economice care ţin de aparatul managementului*".

2. De ce avem nevoie de o viziune sistemică științifică asupra conceptelor

Succesul depinde de capacitatea noastră de a întocmi un plan de afaceri fezabil și apoi de a-l implementa organizându-ne și conducându-ne metodic activitățile, folosind noțiuni precise, științifice.

Faptul că actualele definiții ale conceptelor manageriale diferă de la un autor la altul e o dovadă certă că ele pot fi încă îmbunătățite din punct de vedere al preciziei.

Marele om de știință Albert Einstein avea o vorbă:

„Nu-mi place când se poate şi-aşa, şi-aşa. Ar trebui să fie ori aşa, ori deloc".

Definiţiile folosite în prezent sunt vechi şi empirice, date de regulă ca pentru entităţi separate, independente.

Ele au fost elaborate pe baza unei *abordări analitice,* abordare ce tinde să reducă fiecare sistem la elementele lui componente.

Ea se concentrează mai puţin asupra interacţiunilor ce constituie conexiunile dintre aceste elemente componente.

Abordarea sistemică studiază afacerea, organizarea şi conducerea ei ca pe un *întreg* complex şi dinamic, ca pe un *sistem.*

Iar fiecare element component este privit ca pe o parte indispensabilă a acestui întreg, strâns legată de celelalte părţi prin conexiuni specifice obiectivului sistemului.

In afaceri, aceste conexiuni au o mare importanţă în obţinerea maximizării profitului.

Conceptul de sistem

Prin *sistem* înţelegem un *ansamblu de elemente intercorelate funcţional cu scopul de a îndeplini un obiectiv comun.*

Puţine noţiuni pot concura din punct de vedere al importanţei cu conceptul de sistem.

În ultimele câteva decade, acest concept a generat o adevărată revoluţie în ştiinţă, accelerând şi aprofundând procesul de cunoaştere în aproape toate domeniile.

Conceptul de sistem dă prioritate întregului asupra părţilor.

Acolo unde vedeam numai elemente separate, el ne învaţă să vedem în acelaşi timp şi întregul.

Totodată, el acordă atenţia şi importanţa cuvenite şi relaţiilor şi interacţiunilor dintre elementele componente potrivit rolului pe care îl joacă fiecare.

În consecinţă, acest concept ne permite să dobândim un nou mod de a vedea şi înţelege lucrurile şi fenomenele, unul mai precis şi mai profund.

El ne permite o *abordare nouă* a realităţii, o *viziune sistemcă* asupra ei, mai corectă şi mai cuprinzătoare.

Viziunea sistemică ne ajută să obţinem rezultate din ce in ce mai bune în toate domeniile de activitate.

Sistemele cibernetice

Sistemele cibernetice sunt sisteme care au capacitatea de a se autoregla.

Această capacitate a sistemelor cibernetice se bazează pe aşa-numitul *principiu al retroacţiunii* (în engleză *feedback*).

Potrivit acestui principiu, în timpul funcţionării, sistemul înregistrează rezultatele curente, le compară cu rezultatele aşteptate şi semnalează diferenţele, abaterile.

Aceste abateri sunt transformate prompt în

acţiuni care produc corecţii în funcţionare.

Graţie mecanismului de feedback, sistemul tinde astfel să elimine continuu erorile până când obiectivul este îndeplinit.

Din 1948, anul apariţiei, ştiinţa sistemelor cu autoreglare, *Cibernetica*, şi-a extins continuu aria de folosire şi a căpătat şi ea definiţii uşor diferite, influenţate de fiecare dată de specificul domeniului în care s-a aplicat.

Din toate aceste diferite aplicaţii se poate trage totuşi o singură concluzie: *cibernetica asigură cel mai bun model de conducere (reglare) a proceselor complexe, indiferent de natura lor.*

Organizarea sistemelor cibernetice

Văzut din exterior, fiecare sistem cibernetic apare ca o "cutie neagră", un întreg opac despre care nu ştim altceva decât că ascunde un proces destinat să îndeplinească un anumit obiectiv.

Putem vedea doar *ce intră* (*intrările*, en. *inputs*) şi *ce iese* din această cutie (*ieşirile*, en. *outputs*), nu şi ce se întâmplă în interior.

Dacă deschidem cutia, putem vedea elementele care compun sistemul, relaţiile şi interacţiunile dintre ele, structura ce o alcătuiesc în vederea îndeplinirii obiectivului şi, dacă e în funcţiune, modul cum lucrează, procesul.

Un sistem conţine cel puţin două elemente logic legate între ele prin funcţiile îndeplinite.

Luat separat, fiecare element poate fi considerat la rândul lui ca un sistem dacă e alcătuit din mai multe componente.

Orice sistem poate fi deci format din *subsisteme* şi poate fi în acelaşi timp un subsistem aparţinând unui sistem de nivel superior.

În consecinţă, în natură există *o ierarhie a sistemelor*.

Obiectivele subsistemelor de un anumit nivel derivă sau sunt în concordanţă cu obiectivele sistemelor de nivel superior din care fac parte, şi aşa mai departe.

Dacă un sistem poate fi definit *static* prin elementele care îl compun, *dinamic* el apare ca *un complex de funcţii şi relaţii funcţionale, de interacţiuni între aceste elemente şi cu mediul înconjurător.*

Aceste relaţii nu sunt întâmplătoare.

Ele sunt derivate riguros din obiectivul final al sistemului şi din rolul atribuit fiecărui element in parte cu scopul de a realiza indeplinirea acestui obiectiv in condiţii de eficienţă şi limitari impuse inca din faza de proiectare.

Iată de ce *sistemul* poate fi definit de asemenea ca *un ansamblu de elemente cu sarcini intercorelate de îndeplinit într-un mediu înconjurător de regulă ostil.*

Sructura sistemului este definită prin construcţia, arhitectura, modul în care componentele lui sunt organizate în strictă dependenţă faţă de obiectivul întregului pe care îl formează.

Ea exprimă cantitativ şi calitativ conţinutul şi logica funcţional-constructivă a sistemului iar principala lui caracteristică derivă din interacţiunea intre componente şi între acestea şi el ca întreg.

3. O lege a naturii: Modelul universal al organizării şi managementului. Noi definiţii ale conceptelor

Utilizând metoda de cercetare ştiinţifică, am elaborat noi definiţii ale conceptelor de bază din domeniile organizării şi managementului, definiţii care să corespundă mai bine tuturor caracteristicilor entităţilor descrise, succesiunii acţiunilor lor în lumea reală, conexiunilor logice între ele.

La elaborarea noilor definiţii am ţinut cont de factorii *timp* şi *spaţiu* şi de principiile fundamentale ale *sistemicii* şi *ciberneticii,* de modul în care sunt organizate şi funcţionează sistemele adaptive complexe din natură.

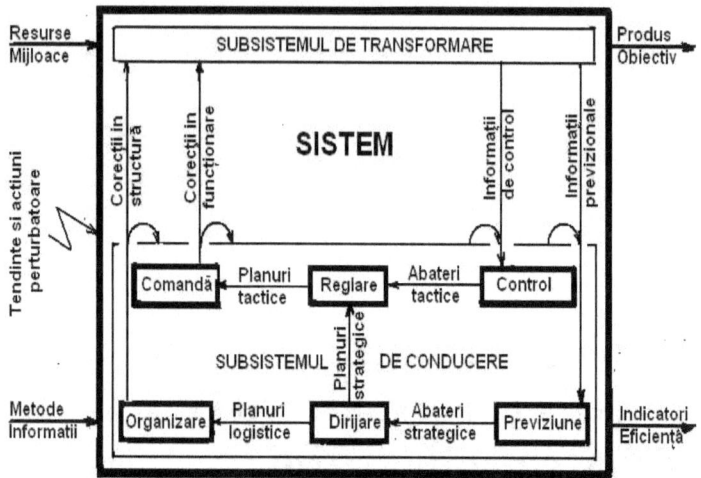

Figura 1. Modelul universal al
organizării şi managementului

Au rezultat modelul logic natural din fig. 1
şi propunerile de definiţii ştiinţifice ale
conceptelor din domeniile menţionate.

Mai târziu, am observat că nu mai pot face
nici o modificare în acest model şi că el
integrează logic orice alte modele şi orice alte
definiţii apărute în literatura de specialitate.

Această observaţie mi-a sugerat ideea că
modelul logic obţinut este expresia grafică a

unei posibile legi a naturii şi de aceea nu poate fi modificat, legile naturii fiind imuabile.

Mai multe experimente ulterioare mi-au confirmat această ipoteză.

Este vorba despre *"Legea universală a organizării"* pe care am definit-o astfel:

„Conceptele privind activitatea de organizare sunt integrate natural într-un sistem cibernetic cu dublu feedback în conformitate cu un model logic numit Modelul universal al organizării şi managementului" (vezi figura 1).

Această lege a naturii logic pare a guverna toate sistemele cu autoorganizare şi autoreglare din univers, adică *sistemele adaptive* - cele mai complexe şi mai perfecţionate sisteme cunoscute până în prezent.

Ţinând cont cu strictețe de factorii menţionaţi în funcţie de care mi-am propus să redefinesc conceptele, integrarea logică a acestora în modelul din figura 1 s-a făcut aproape de la sine, printr-o procedură asemănătoare aceleia de reconstituire a unui vas spart din cioburile lui.

Fiecare concept avea un loc anume, parcă prestabilit, precis determinat de necesitatea de a întregi logic un sistem, ca element component natural şi indispensabil.

Noile definiţii, aşa cum rezultă din acest model logic natural, sunt următoarele:

- **Activitatea de organizare** -- crează şi adaptează structura unui sistem pentru a fi capabil să asigure îndeplinirea unui anumit obiectiv în condiţii ostile, de luptă permanentă împotriva acţiunilor perturbatoare ale mediului. Sunt proiectate şi realizate atât structura executivă cât şi structura managerială, cu toate elementele lor componente şi cu conexiunile între ele şi cu mediul înconjurător. De asemenea sunt elaborate regulile de funcţionare;

- **Activitatea de management** – dirijează, ghidează şi reglează sistemul ca pe un sistem cibernetic cu două circuite de feedback, ca să lucreze cu eficienţă maximă pentru îndeplinirea obiectivului, pe cât posibil fără modficări importante în structură.

Modelul universal al organizării şi managementului conţine două subsisteme:

- **Subsistemul condus** – e cel care procesează şi transformă resursele fizice în produsul sau rezultatul aşteptat;

o **Subsistemul conducător** - cel care colectează informaţii din interiorul şi din afara sistemului şi ia decizii strategice, logistice şi tactice pentru eliminarea, diminuarea sau compensarea perturbaţiilor şi avariilor apărute ori anticipate. El este compus din două circuite informaţionale:

o *Circuitul de reglare tactică* (în timp real şi pe termen scurt) care asigură funcţiile de *control, reglare* şi *comandă*. Acestea produc *planuri și decizii tactice* care aduc corecții în funcționarea sistemului

o *Circuitul de reglare* - *de adaptare strategică și logistică* (în avans și pe termen lung) - care asigură funcțiile de *previziune, dirijare* și *organizare.* Acestea produc *planuri și decizii strategice și logistice* care aduc modificări în orientarea și structura sistemului.

- **Funcția de previziune** -- detectează tendințe și acțiuni perturbatoare iminente, evaluează posibila lor influență destabilizatoare asupra funcționării sistemului, stabilește dacă sunt nepotriviri între acestea și strategia de apărare și identifică premisele de eliminare, micșorare ori compensare a acestor nepotriviri;

- **Funcția de dirijare** – planifică și ajustează în avans planurile și deciziile strategice și logistice și, dacă este necesar, modifică sau schimbă chiar obiectivul sistemului. Coordonează realizarea întocmai a planurilor şi deciziilor;

- **Funcţia de organizare** – elaborează proiecte şi proceduri care transformă planurile şi deciziile logistice în corecţii ale structurii sistemului şi asigură resursele necesare acestor corecţii. Dacă trebuie, creează subsisteme subordonate;

- **Funcţia de control** – compară funcţionarea curentă cu cea normală, rezultatele obţinute cu cele aşteptate şi identifică abaterile tactice şi premisele pentru eliminarea, diminuarea ori compensarea lor;

- **Funcţia de reglare** – elaborează planuri şi decizii tactice pentru executarea planurilor strategice şi pentru eliminarea, diminuarea ori compensarea abaterilor identificate în funcţionarea sistemului;

- **Funcţia de comandă** – dă comenzi

operative pentru efectuarea corecţiilor în funcţionarea sistemului stabilite de planurile şi deciziile tactice.

Funcţiile managementului mai pot fi clasificate astfel:

o *Funcţii de analiză şi sinteză* (funcţia de previziune şi cea de control);

o *Funcţii de decizie* (funcţia de dirijare şi cea de reglare);

o *Funcţii de execuţie* (funcţia de organizare şi cea de comandă).

În procesul de luare a deciziilor pentru maximizarea profitului afacerii, funcţiile managementului sunt teoretic toate la fel de importante.

În practică însă, mai ales pentru supravieţuirea sistemului cât mai mult timp posibil, o excepţională importanţă au funcţiile de pe circuitul informaţional de reglare-adaptare strategică şi logistică: funcţiile de previziune, dirijare şi organizare.

4. Organizarea şi managementul afacerilor în viziune sistemică. Ghid pas cu pas

Aşa cum am mai menţionat anterior, conceptul de *sistem* include într-un *întreg* toate elementele componente şi conexiunile dîntre ele şi cu mediul înconjurător. Sistemele sunt rezultatul efectuării unor activităţi de *organizare* cu scopul de a atinge un anumit obiectiv.

În natură, cele mai evoluate sisteme sunt sistemele biologice. Pentru a supravieţui în lupta cu factorii perturbatori din mediul înconjurător, ele se apară prin adaptarea (autoorganizarea) la aceştia a structurii şi comportamentului.

În afaceri, activitățile de organizare determină *statica* (structura) sistemului, iar activitatile de management determină *dinamica* (funcționarea și evoluția) lui.

Activitatea managerului este mult ușurată și se poate presta cu maximum de eficiență dacă procesul afacerii poate fi reglat și adaptat continuu la condițiile în care se desfășoară, adică dacă el a fost organizat în prealabil ca un *sistem adaptabil.*

În acest caz sistemul poate fi ușor îmbunătățit până la maximizarea profitului utilizând *Modelul universal al organizării și managementului* din figura 1.

Această idee exprimă legătura naturală strânsă între activitățile de organizare și cele de management, caracteristică metodei de *management în viziune sistemică* sau, mai precis, metodei de *management sistemic.*

Managementul sistemic

Managementul sistemic poate fi definit ca un ansamblu integrat și ordonat de principii interdisciplinare, reguli şi acţiuni prin care managerul planifică, proiectează, organizează şi conduce afacerea utilizând *Modelul universal al organizării şi managementului.*

A dirija (planifica) sistemul afacerii înseamnă a stabili periodic, dintre toate posibilităţile, care este calea de urmat pentru asigurarea îndeplinirii obiectivului în condiţiile existente sau previzionate în mediul înconjurător. În acest caz, modelul universal al organizării şi managementului este folosit ca o adevărată "*busolă de management*".

A regla (ajusta) sistemul afacerii înseamnă a acţiona prompt pentru a elimina, diminua sau compensa abaterile apărute în funcţionare. În acest caz, modelul universal al organizării şi managementului este folosit ca un instrument simplu şi eficient de reglare.

Într-un astfel de sistem cibernetic adaptabil, activităţile de dirijare şi reglare sunt îndeplinite de *subsistemul conducător.*

Experienţa practică ne demonstrează că pentru a conduce un proces în aşa fel încât să se asigure rezultate calitativ şi cantitativ superioare, inclusiv maximizarea profitului, managerul trebuie să acţioneze pe *două circuite informaţionale de management:* circuitul strategic (de dirijare) şi circuitul tactic (de reglare).

Aşa cum se poate vedea în figura 1, fiecare dintre aceste două circuite îndeplineşte câte trei funcţii de management.

Metoda managementului sistemic poate fi generalizată cu bune rezultate în toate domeniile de activitate umană unde se derulează un proces perfectibil şi de durată.

Pentru a porni de la zero o afacere cu această metodă modernă de organizare şi conducere, managerul trebuie să parcurgă următoarele opt etape:

1. Să stabilească *ieşirile* dorite ale sistemului afacerii: *obiectivul* (produsul, serviciul sau soluţia unei probleme) şi *idicatorii de eficienţă* – luând în calcul resursele şi mijloacele disponibile, reglementările în vigoare, tendinţele şi riscurile de pe piaţă (vezi figura 1);

2. Să stabilească detaliat în ce constă *subsistemul procesului de transformare a resurselor* în vederea realizării obiectivului, având în vedere indicatorii de eficienţă stabiliţi;

3. Să determine *informaţiile tactice* (curente) şi *informaţiile strategice* (de anticipat) necesare îndeplinirii funcţiilor de control şi de previziune ale subsistemului conducător;

4. Să stabilească planul strategic şi planul logistic aferent al afacerii pentru adaptarea ei curentă şi în avans la schimbările apărute sau anticipate în mediul economic şi social;

5. Să întocmească programul de măsuri de organizare şi de alocare la timp a resurselor necesare implementării planului logistic;

6. Să stabilească şi să angajeze resursele umane necesare;

7. Să pregătească personalul angajat;

8. Să testeze funcţionarea sistemului şi să pornească afacerea în condiţii normale.

Iniţial, dacă afacerea nu necesită mai mult

de cinci sute de angajaţi, echipa de conducere poate cuprinde numai doi manageri: un director general (care uneori este chiar patronul) şi un contabil.

În unele cazuri, în funcţie de aria de acţiune şi complexitatea afacerii, la echipa managerială poate fi adăugat un director executiv care supraveghează şi asigură aplicarea întocmai şi la timp a deciziilor directorului general.

Dintre cauzele de faliment ale afacerilor mici şi mijlocii, cele mai frecvente sunt lipsa de experienţă şi insuficienta pregătire managerială a echipei de conducere.

Câteva ore de studiu atent al acestei cărţi furnizează managerilor cunoştinţele necesare şi suficiente pentru a conduce cu succes afacerea înca de la început.

5. Studiu de caz: organizarea şi managementul gândirii in viziune sistemică in partida de şah

Ca exemplu de activitate asupra căreia am aplicat pentru eficientizare cunoştinţele de mai sus, am ales una sugestivă, bine cunoscută şi uşor de înţeles de marea majoritate a cititorilor: gândirea în partida de şah.

Un vechi proverb chinezesc spune: *„Viaţa este ca o partidă de şah, se schimbă cu fiecare mutare".*

Viaţa (pe termen lung) şi activităţile noastre (pe termen scurt sau mediu) sunt din multe puncte de vedere foarte asemănătoare cu partidele de şah.

Despre extraordinara capacitate a jocului de şah de a sugera lumea şi viaţa, T. H. Huxley spunea:

„Tabla de şah este lumea, piesele sunt fenomenele din univers iar regulile jocului sunt ceea ce noi numim legile naturii".

Sunt atât de multe asemănările între bătăliile vieţii - inclusiv afacerile - şi jocul de şah, încât oameni de ştiinţă renumiţi, printre care şi laureaţii Premiului Nobel pentru Ştiinţe Economice H. Simon (în 1978), J. F. Nash (în 1994) şi R. J. Aumann şi T.C. Schelling (în 2005) l-au folosit ca instrument de lucru în cercetările şi descoperirile lor.

Toate procedurile, strategiile, tacticile şi tehnicile mentale folosite pentru a câştiga în partida de şah, prin analogie sunt utile de asemenea ca modele de soluţii de obţinere a succesului şi în multe alte activităţi.

Iată câteva exemple practice de astfel de proceduri utile prin analogie, culese din activitătile de organizare ştiinţifică şi management sistemic în partida de şah:

5.1. Optimizarea gândirii jucătorului de şah prin organizare ştiinţifică şi management sistemic

La prima vedere, problema ce o avem de rezolvat pe tabla de şah ar putea primi o primă formulare ca aceasta: *Pornind din poziţia iniţială, cum trebuie să mutăm piesele noastre astfel încât la un moment dat adversarul să nu mai poată evita matul* (capturarea regelui său).

Această primă formulare a problemei (ce constituie obiectivul sistemului caştigător de gândire pe care dorim să-l construim) este numai aparent corectă şi utilă.

De obicei partidele între jucătorii avansaţi nu ajung să se încheie prin mat.

Unul dintre jucători cedează când apreciază că adversarul a obţinut o superioritate poziţională sau materială suficientă pentru a câştiga.

Numim acest moment al partidei „*Momentul superiorităţii efective*" (MSE).

Acum s-ar părea că putem reformula mai corect problema-obiectiv aşa: *Pornind din poziţia iniţială, cum trebuie să mutăm piesele noastre astfel încât la un moment dat adversarul să constate că am obţinut superioritatea efectivă (suficientă pentru câştig) şi să cedeze.*

Această a doua formulare, deşi mai corectă decât prima, mai poate fi încă îmbunătăţită.

O analiză atentă a partidelor marilor maeştri ne permite să descoperim că de fapt lupta se decide chiar înainte de MSE, şi anume în momentul în care unul dintre jucători găseşte un plan bun, superior planului adversarului.

Acesta este „*Momentul superiorităţii potenţiale*" (MSP).

La un joc precis, ceea ce urmează acestui moment crucial al partidei este doar o demonstraţie tehnică de implementare a planului bun, cu toată împotrivirea advesarului.

Dar ce este un plan bun?

Evaluăm un plan după rezultatele obţinute.

Un plan bun este acela care, cu toată împotrivirea advesarului şi utilizând toate resursele cât mai eficient, işi atinge scopul: rupe echilibrul iniţial al celor două forţe combatante şi obţine pentru jucătorul autor o superioritate materială sau poziţională suficientă pentru câştig.

O categorie specială de planuri bune sunt planurile care creează o poziţie atât de complexă şi plină de ameninţări încât adversarul intră în criză de timp şi greşeşte grav.

Pentru a înfrânge împotrivirea adversarului şi a-i impune implementarea propriului plan agresiv, fiecare jucător ia decizii strategice şi tactice care sunt aplicate prin mutări pe tabla de şah.

Dacă aceste mutări sunt bine alese şi ordonate în timp şi produc efectele aşteptate, atunci ele pot fi considerate *mutări active*.

Clasificate după caracterul predominant ofensiv sau defensiv, mutările pot fi:

- Pur ofensive;

- Ofensiv-defensive;

- Defensiv-ofensive;

- Pur defensive.

Mutările pur ofensive, ofensiv-defensive şi defensiv-ofensive deţin ponderea în totalul mutărilor active.

Sunt considerate *mutări inactive* mutările pur defensive (dacă nu sunt forţate) şi mutările care au doar aparent caracter activ, adică acelea care urmăresc realizarea unui plan ce se dovedeşte până la urmă a fi greşit sau acelea care pot fi integrate în planul adversarului.

Cu cât în totalul mutărilor jucate sunt mai multe mutări active, cu atât gândirea jucătorului este mai puternică, mai productivă.

Rezultă că un plan bun e compus în principal din mutări active şi constituie adevăratul produs căutat al sistemului de gândire al fiecărui jucător.

Obiectivul sistemului gândirii jucătorului în partida de şah este deci acela de a obţine primul un plan bun şi apoi de a-l îndeplini făcând pe cât posibil numai mutări active, spre a obţine înaintea adversarului o superioritate poziţională sau materială suficientă pentru victorie. Restul partidei este doar rutină.

În partida de şah, fiecare jucător consumă două feluri de resurse:

- *Resurse tehnice*: timpul de pregătire a partidei, timpul de gândire la masa de joc, rezerva de tempo (de mutări alocate fiecărui jucător în mod egal şi alternativ, de exemplu câte 40 de mutări în primele două ore de joc), rezerva de spaţiu (o parte controlată din cele 64 de câmpuri pătrate ale tablei de şah) şi rezerva de material (16 piese);

- *Resurse intelectuale:* toate informaţiile specifice, metodele, memoria, procesele psihice, abilităţile particulare de gândire, pregătirea generală şi specială etc.

Marii maeştrii reuşesc să câştige transformând aproape fiecare tempo jucat într-o mutare activă şi valorificând la maximum toate celelalte resurse.

O metodâ ştiinţifică trebuie să ajute jucătorul de şah să elaboreze repede şi să aplice la masa de joc un plan bun, astfel încât să atingă MSP înainte ca adversarul să o poată face.

Elaborarea şi implementarea unui plan sunt operaţiuni caracteristice ale activităţii de management.

Dacă un jucător doreşte să facă şah de performanţă, atunci aceste operaţiuni este bine să se desfăşoare în viziune sistemică folosind un sistem de gândire bazat pe Modelul universal al organizării şi managementului din figura 1.

În baza acestei idei şi având în vedere lanţul celor trei momente prin care trebuie să treacă în drumul spre victorie, respective momentul găsirii unui plan bun, momentul superiorităţii potenţiale (MSP) şi momentul superiorităţii efective (MSE), jucătorul dobândeşte o imagine foarte clară de ansamblu a partidei de şah şi a modalităţii celei mai sigure de câştig: *un sistem de gândire specializat, ştiinţific elaborat.*

Organizarea acestui sistem este activitatea prin care toate informaţiile şi noţiunile ce ne pot ajuta să câştigăm sunt identificate, riguros definite, clasificate şi structurate în memorie într-un tot, un întreg dinamic, folosind modelul universal al organizării şi managementului.

Odată creat, sistemul ştiinţific de gândire permite optimizarea jocului în fiecare moment, pe toată durata partidei de şah.

5.2. Cerinţe de organizare şi management ale gândirii jucătorului de şah pentru a folosi eficient toate resursele

În acest scop am formulat următoarele cerinţe:

A. Cerinţe de organizare a timpului de pregătire a partidei:

- Consumarea celei mai mari părţi din timpul de pregătire doar pentru activităţi cu mare probabilitate de a fi folosite şi de a avea efecte pozitive în partidă;

- Cosiderarea acestei cărţi ca o sursă de cunoştinţe de bază pentru a asigura jucătorului de şah o înaltă performanţă în gândire, fără prea multă altă documentare;

- Utilizarea ideilor din această carte şi pentru a îmbunătăţi metodele şi activităţile specifice de studiu şi documentare, astfel încât ele să consume cât mai puţin timp.

B. Cerinte de organizare a timpului de gândire la masa de joc:

- Jucătorul să folosească organizat atât timpul de gândire alocat propriu cât şi timpul de gândire alocat adversarului, astfel încât să obţină maximum de eficienţă în folosirea timpului total. Să transfere cât mai multe dintre operaţiunile de gândire de pe timpul alocat propriu pe timpul alocat adversarului;

- Să împartă timpul de gândire alocat propriu în trei categorii: timpul utilizat pentru mutări active (timp utilizat productiv), timpul neutilizat (pierdut) şi timpul utilizat greşit (fără efecte favorabile în joc);

- Să mărească ponderea timpului utilizat pentru mutări active.

C. Cerinţe de organizare a utilizării rezervei de tempo:

- În funcţie de efectele produse asupra derulării planului său, fiecare jucător să distingă trei categorii de mutări: mutări active proprii, mutări inactive proprii şi adverse şi mutări active ale adversarului (perturbatoare pentru planul propriu);

- În consecinţă, organizarea trebuie:
  - Să ia în calcul numai aceste trei categorii de mutări;
  - Să specifice criteriile după care o mutare poate fi

încadrată cu precizie în fiecare dintre aceste trei categorii;

- Să stabilească cum se poate mări numărul de mutări active proprii efecuate în detrimentul numărului de mutări din celelalte două categorii.

D. Cerinţe de organizare a utilizării spaţiului:

- Spaţiul este o resursă specială. Spre deosebire de resursele de timp al căror consum este definitiv, ireversibil, spaţiul este o resursă ce poate fi utilizată repetitiv;

- *Rezerva de spaţiu* a fiecărui jucător conţine toate câmpurile controlate de piesele lui. Un câmp controlat este acela unde o piesă stă, poate muta sau îşi exercită doar influenţa în timpul jocului fără să aibă posibilitatea de a-l ocupa curând sau la mutarea următoare;

- Pentru a obţine o poziţie superioară şi mai mult spaţiu controlat propriu, gândirea trebuie organizată în aşa fel încât să ofere căi concrete de creştere a lui şi de descreştere a spaţiului controlat de adversar;

- Piesele să fie amplasate astfel încât să nu se împiedice una pe alta, să nu îşi limiteze reciproc libertatea de mişcare pe termen mediu sau lung.

E. Cerinţe de organizare a utilizării materialului:

Fiecare jucător trebuie:

- Să găsească ce mutări ale propriilor piese pot împiedica piesele adverse să-şi realizeze sarcinile, fără ca planul propriu să aibă de suferit;

- Să ia în considerare trei categorii de piese aflate pe tabla de joc, indiferent de culoare: piese folosite de planul propriu, piese folosite de planul adversarului şi piese încă nefolosite;

- Să stabilească in baza căror criterii o piesă poate fi încadrată în una dintre aceste trei categorii şi îi poate fi evaluat gradul de utilitate în planul propriu şi în planul adversarului, comparativ cu gradul de utilitate al celorlalte piese;

- Să găsească mutările prin care poate fi îmbunătăţită structura pieselor aflate în joc astfel încât să crească numărul celor folosite de planul propriu, indiferent de culoare.

F. Cerinţe de organizare a resurselor intelectuale:

Până în prezent se cunoaşte prea puţin cum funcţionează creierul uman.

În consecinţă se nasc firesc întrebările: *Cum*

poate fi îmbunătăţită gândirea noastră când mecanismele ei sunt insuficient cunoscute? Poate fi ea îmbunătăţită, eficientizată?

Din fericire putem răspunde cu certitudine că *da*, gândirea poate fi îmbunătăţită şi ea prin organizare ştiinţifică şi management sistemic, la fel ca oricare altă activitate umană.

Aceasta deoarece creierul uman este dotat cu o capacitate specială, extrem de valoroasă: *capacitatea de învăţare şi auto-perfecţionare continuă.*

Dacă nu putem îmbunătăţi direct modelele logice obişnuite de lucru ale creierului, pentru ca nu le cunoaştem îndeajuns, graţie acestei capacităţi speciale putem îmbunătăţi totuşi gândirea indirect, dotând-o prin procesul învăţării cu un model de gândire ştiinţific, ce poate fi adaptat apoi fiecărei activităţi a cărei eficienţă dorim să o maximizăm.

În cazul de faţă suntem în măsură să punem bazele proiectării unui model ştiinţific specializat de gândire care, prin perfecţionare continuă în viziune sistemică, să ajungă să fie capabil să răspundă tuturor cerinţelor de organizare mentonate şi să rezolve toate problemele complexe specifice ce pot apărea în cursul partidei de şah.

Odată învăţat, acest model va înlocui toate procedeele mai vechi, nespecializate şi nu întotdeauna destul de eficiente din gândirea obişnuită, empirică.

Jucătorul de performanţă nu va mai avea nevoie de studiul multor manuale de deschideri, joc de mijloc si finaluri.

Acest nou model general de gândire va asigura organizarea şi conducerea eficientă a jocului în toate fazele partidei, cu aceeaşi deosebită forţă, rapiditate şi precizie.

Utilizând acest model, cu fiecare partidă jucată cititorul va învăţa să ia decizii tot mai eficiente în orice situaţie apărută sau anticipată, oricât de complexă ar fi ea, să folosească la maximum toate resursele de care dispune, inclusiv să adapteze şi să folosească ingenios soluţiile tipice stocate în memorie.

Modelul ştiinţific propus aici stimulează imaginaţia şi creativitatea jucătorului şi reduce necesitatea de a face multe, lente, stufoase şi îndelungate calcule de găsire şi validare a soluţiilor la masa de joc.

Resursele mintale sunt folosite la un nivel superior de organizare şi algoritmizare ce permite luarea rapidă a deciziilor tot mai mult doar pe bază de principii şi proceduri mult simplificate, astfel încât jucătorul să poată economisi timpul şi efortul cheltuit.

Sistemul de gândire creat după acest nou model optimizează folosirea memoriei jucătorului, pe care o scuteşte de o cronofagă supraaglomerare cu cunoştinţe empirice ce au prea puţine şanse de a fi utilizate în joc.

5.3. Procesul condus şi soluţia problemei optimizării gândirii: Modelul partidei de şah ca sistem cibernetic

Plecând de la structura de bază din figura 1, la acest căutat model cibernetic al partidei de şah se ajunge ţinând cont de o particularitate a acesteia şi anume de faptul că funcţia de organizare şi funcţia de camandă formează împreună un singur modul, deoarece varianta de joc aleasă (programul) include mutări ce pot avea simultan atât caracter tactic cât şi caracter strategic.

Mutările sunt efectuate cu respectarea întregului set de reguli înscrise în regulamentul jocului de şah şi a regulilor suplimentare secrete stabilite pentru el însuşi de către fiecare jucător în cadrul sistemului propriu de joc.

La fiecare mutare jucătorul foloseşte *o piesă* (încredinţându-i un rol anume în cadrul planului), *un câmp* (din rezerva de spaţiu) şi cheltuieşte *un timp de gândire* (mai lung sau mai scurt, în funcţie de metoda folosită şi de complexitatea problemelor de rezolvat) şi *un tempo* (dreptul de a efectua încă o mutare).

În schimbul acestor cheltuieli, el obţine *o nouă poziţie,* produsul de moment al sitemului său de joc.

Poziţia obţinută poate fi mai bună pentru jucătorul ce a mutat dacă mutarea se încadrează în planul bun al acestuia. Dar de fiecare dată urmează o mutare a adversarului care poate inversa situaţia.

Evaluarea gradului de îndeplinire a planului propriu, identificarea perturbărilor şi daunelor provocate de adversar, estimarea şanselor de câştig, toate acestea necesită informaţii specifice ce trebuie să fie culese organizat din fiecare poziţie.

Poziţiile sunt caracterizate de locul ce-l ocupă fiecare piesă pe tabla de şah (aspecte concrete) şi de relaţiile dintre piese potrivit regulamentului jocului şi rolului suplimentar atribuit fiecăreia în cadrul planului aplicat (aspecte abstracte).

În partida de şah ca sistem, „*procesul condus*" este lanţul de operaţiuni de transformare prin mutări a resurselor de joc ale ambilor jucători în poziţii. Este succesiunea poziţiilor şi evoluţia relaţiilor simple ori complexe dintre piese, mulţimea de evenimente ce au loc pe tabla de şah şi care nu se reflectă întotdeauna în totalitate în mintea jucătorilor.

Un jucător de şah este cu atât mai talentat şi mai bine pregătit cu cât este capabil să perceapă mai multe aspecte din această mulţime de evenimente şi să le clasifice şi selecteze mai rapid şi mai corect în esenţiale şi neesenţiale, în fiecare moment al partidei.

„Procesul conducător" este gândirea jucătorului.

Acest proces *planifică* procedurile de obținere a superiorității potențiale cu toată împotrivirea adversarului in joc și *dirijează* transformările resurselor în pozițiile dorite de jucător conform planului urmărit, eliminând, diminuând ori compensând perturbările și daunele cauzate de mutările adverse în poziția proprie.

Subsistemul procesului conducător conține următoarele cinci *module componente*:

- Pe *circuitul informațional de dirijare* conține *modulul de analiză tactică a poziției, modulul de elaborare a planurilor tactice* (pe termen scurt și mediu) și *modulul programului de aplicare* a acestor planuri;
- Pe *circuitul informațional de planificare* conține *modulul de analiză strategică a poziției, modulul de elaborare a planurilor strategice și logistice* (pe termen lung) și *modulul programului de*

aplicare a acestor planuri, care este unul şi acelaşi cu modulul programului de aplicare a planurilor de pe circuitul informaţional de dirijare.

Modulele de aplicare a planurilor de pe cele două circuite informaţionale de reglare-adaptare cibernetică au fost reunite, aşadar, într-unul singur: *modulul elaborării şi implementării programului* (al succesiunii de mutări selectate pentru a fi jucate) deoarece, aşa cum am mai menţionat anterior, fiecare mutare poate aparţine simultan unui plan strategic şi unui plan tactic.

În cadrul *modulului de analiză strategică* jucătorul culege informaţii cu caracter strategic, le analizează, anticipează tendinţele ce sunt în dezvoltare şi evaluează continuu consecinţele lor negative.

Totodată analizează *abaterile strategice* de la plan provocate de mutările adverse şi soluţiile posibile pentru eliminarea, diminuarea sau compensarea acestor abateri înainte ca adversarul să le poată exploata în favoarea lui.

Tot aşa, *modulul de analiză tactică*

înregistrează şi prelucrează informaţiile cu caracter tactic si *abaterile tactice* de la plan.

La *elaborarea planului strategic* jucătorul exploatează slăbiciunile strategice din poziţia şi planul adversarului şi caută eliminarea sau apărarea propriilor slăbiciuni strategice.

Totodată depistează şi foloseşte orice aspect aparte al poziţiei care poate sta la baza conceperii unui plan strategic mai promiţător.

Planul strategic rezultat este o combinaţie de decizii importante privind evoluţia şi adaptarea jocului la schimbările anticipate în poziţie.

Strategia este calea, procedura de urmat pentru atingerea obiectivului partidei de şah: obţinerea superiorităţii efective a poziţiei proprii faţă de poziţia adversarului.

Deciziile strategice ghidează orientarea şi adaptarea jocului pe termen lung, modalităţile de utilizare eficientă a resurselor în pofida împotrivirii adversarului.

Elaborarea planului tactic constă în stabilirea deciziilor de realizare în detaliu a planului strategic şi de eliminare, diminuare ori compensare a abaterilor tactice în condiţiile oponenţei permanente a adversarului, ţinând cont de schimbările aduse în poziţie de fiecare mutare a lui.

Bazat pe premisele de joc găsite în cadrul analizei poziţiei, jucătorul stabileşte în detaliu manevrele necesare ale micii sale armate, căutând să exploateze slăbiciunile şi erorile tactice din jocul adversarului, mobilizând în acest scop cât mai eficient toate resursele, atât în atac, cât şi în apărare.

În timp ce *strategia* stabieşte direcţia, orientarea în mare a acţiunillor jucătorului, CE cale trebuie urmată pentru obţinerea superiorităţii potenţiale, *tactica* stabileşte în detaliu CU CE piese, UNDE, CÂND şi CUM trebuie intervenit în poziţie şi care este ordinea corectă a mutărilor de efectuat.

Deciziile tactice sunt reacţii prompte ale fiecărui jucător la mutările adversarului şi constituie acţiuni cu dublu scop: pe de o parte de a elimina, diminua sau compensa tactic perturbările şi daunele provocate în poziţia proprie şi în planul său şi, pe de altă parte şi în acelasi timp, de a implementa cu fiecare mutare câte o componentă a programului de îndeplinire a planului strategic.

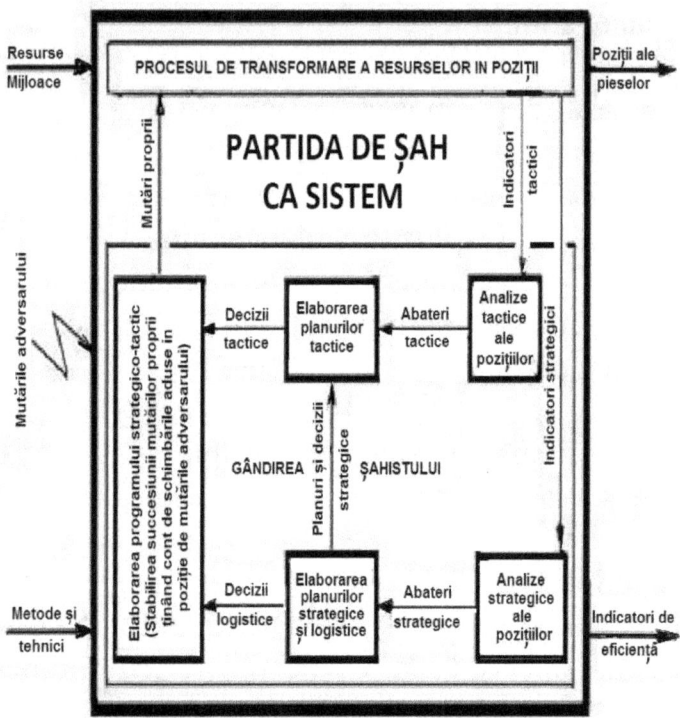

Figura 2. Modelul partidei
de şah ca sistem cibernetic

În timp ce aplicarea strategiei necesită mai multe mutări, tactica necesită una sau doar câteva mutări, de preferinţă forţate. Strategia operează schinbări importante în structura poziţiei, în amplasarea şi colaborările pieselor, iar tactica dă lovituri scurte, într-o zonă restrânsă.

Programul mutărilor de efectuat rezultă din fuziunea planului logistico-strategic cu un plan tactic de moment şi cu unele mutări intermediare strict necesare pentru o apărare urgentă ori pentru a exploata imediat o inexactitate sau eroare a adversarului (vezi figura 2)

Această fuziune se face cu optimizarea succesiunii mutărilor şi cu economie maximă de resurse pentru a mări rapiditatea şi eficienţa jocului.

După ce jucătorul îşi organizează gândirea potrivit modelului din figura 2, trece la testarea ei în partide de antrenament, ocazie cu care va constata cu siguranţă creşterea importantă a forţei jocului său.

În partidele de testare jucătorul va avea grijă ca pentru fiecare plan strategic adoptat să stabilească planurile logistice şi tactice necesare implementării lui în conditii optime.

El va inventaria mutările ce vor fi avute în

vedere şi va stabili succesiunea lor pentru aplicarea acestor planuri, ţinând cont şi de intenţiile adversarului de atac şi de apărare şi de faptul că atunci când îi vine rândul va putea muta o singură dată.

Înaite de fiecare mutare, jucătorul trebuie de asemenea să verifice atent ca ea să nu dăuneze propriei poziţii, să nu fie favorabilă adversarului, să aibă pe cât posibil simultan caracter de apărare şi de atac şi să servească deopotrivă planul strategic şi planul tactic în derulare.

Fiecare detaliu al modelului din figura 2 trebuie studiat cu grijă şi testat de mai multe ori de către jucător, dacă doreşte cu adevărat o creştere spectaculoasă a forţei jocului său.

Numai aşa jucătorul va putea descoperi misterioasa frumuseţe şi toate secretele acestui miraculos joc care este şahul şi totodată, prin analogie, va afla multe procedee foarte utile pentru maximizarea profitului şi beneficiilor de tot felul în toate activităţile lui.

O analiză mai detaliată a jocului de şah excede cadrului acestei cărţi. Aici am dorit doar să arăt pe scurt cum absolut oricine poate aplica *modelul universal al organizării şi managementului* la perfecţionarea oricărei activităti, inclusiv a gândirii în jocul de şah sau în orice alt joc.

Pentru cititorii care doresc să-şi antreneze şi perfectioneze mai mult gândirea managerială prin intermediul jocului de şah ştiinţific, dar şi pentru jucătorii de şah de performanţă, am scris cartea *Şah şi cibernetică*[3] în care am făcut o analiză detaliată şi completă a partidei de şah în viziune sistemică.

Înainte de a fi scrise, o mare parte din cunoştinţele ce se pot dobândi din lectura acestei cărţi mai vechi, au fost testate de autor practic, la masa de joc, în campionatul naţional de şah, unde fără a fi un jucător profesionist, ci doar un simplu jucator amator şi cercetător care experimentează o metodă ştiinţifică proprie de gândire, a ajuns până în semifinale.

Cartea *Şah şi cibernetică* este un manual de *şah ştiinţific* şi de *management sistemic*.

Dar în acelaşi timp, prin analogie, ea mai poate fi considerată şi un manual de *ştiinţa luptei în general* şi deci şi de *ştiinţa vieţii.*

Ea ajută cititorii să-şi utilizeze metodic şi eficient gândirea şi toate celelalte principale resurse vitale: *timpul, spaţiul, energia, materia, informaţia.*

Prima ediţie, tipărită în 20.000 de exemplare a acestei cârţi, conţine 302 de pagini şi 241 de diagrame cu exemple extrase şi comentate în viziune sistemică din partide ale mai multor campioni mondiali sau mari maeştri şi din partide jucate şi câştigate de autor în campionatul naţional.

În afaceri, ca şi în viaţă, succesul depinde în principal de calitatea şi forţa celei mai importante resurse a omului: *gândirea* şi, din ce în ce mai mult astăzi şi în viitor, de nivelul ei de organizare ştinţifică şi management sistemic.
.

6. Rezumat

În cartea de față sunt analizate și redefinite într-o viziune sistemică științifică toate conceptele de bază privind managementul activităților umane complexe, inclusiv managementul afacerilor mici și mijlocii. Redefinirea s-a făcut pe baza unei legi a naturii recent descoperită chiar de autor: *Legea universală a organizării* reprezentată grafic de *Modelul universal al organizării și managementului.*

Cum poate fi utilizată practic această lege a naturii și conceptele redefinite pe baza ei la îmbunătățirea deciziilor managerilor în orice activitate se arată și practic, în finalul cărții, într-un studiu de caz.

A venit vremea ca managementul tradițional, dezvoltat empiric doar pe bază de observații din experiența practică, să fie înlocuit de *managementul sistemic*, o relativ tânără ştiinţă interdisciplinară care integrează armonios cunoştinţe în principal din *sistemică* şi *cibernetică.*

Procesul de maximizare a profitului poate fi desfăşurat cu succes dacă afacerea este organizată şi condusă ca un sistem cibernetic adaptabil, pe baza ştiinţifică oferită de această carte.

În câteva ore de lectură a acestui mini curs management ştiinţific, cititorul poate întelege de ce astăzi, mai mult ca oricând în trecut, pentru a obţine înaltă perfrmanţă este clar nevoie de o abordare şi soluţionare sistemică a problemelor de organizare şi management.

Viziunea sistemică înarmează managerii cu capacitatea deosebită de a vedea afacerea ca un intreg compus din mai multe elemente strâns interconectate, de a face uşor diferenţa între ce este esenţial şi ce nu este şi de a nu ajunge „*să nu vadă pădurea din cauza copacilor.*"[4 şi 5]

Pe scurt, cititorii află cum îşi pot construi şi conduce corect şi rapid sistemele necesare pentru a-şi atinge scopurile în afaceri dar şi în viaţă.

7. Bibliografie

1. Mihăescu C., *The Universal Law of Organization*, în *Proceedings I of The Fourth International Conference on Business Excellence,* 16-17 October 2009, Braşov, România / ed. Constantin Brătianu, Dorin Lixăndroiu, Nicolae Al. Pop – Braşov: Infomarket, 2009, p. 290.

2. Nicolescu O., *Noutăţi în managementul internaţional*, Editura Tehnică, Bucureşti, 1993, p. 18.

3. Mihăescu C., *Şah şi cibernetică,* Editura Sport-Turism, Bucureşti, 1986.

4. Mihăescu C., *L'utilisation de la conception systémique dans la projection des sous-systèmes informatiques servant a la direction des activités dans les entreprises*, în Proceedings I of the International Symposium on Applications of Mathematics in System Theory, 27-30 Dec. 1978, Transilvania University of Brasov, Romania, p. 111.

5. Mihăescu C., *Noţiunile de "organizare" şi "conducere" în viziune sistemică*, în Revista Economică, nr. 49, Bucureşti, 1980, p. 20.

Pentru succesul tău

Constantin Mihăescu

ctinmihaescu@gmail.com